Silvia Hinterm

Schöner Schmuck mit FIMO®

CREATIV COMPACT

CHRISTOPHORUS

Inhalt

Schöner Schmuck

Modeschmuck hat mich schon immer interessiert und fasziniert. Mit Fimo habe ich das passende Material kennen gelernt, mit dem sich wunderschöne und gleichzeitig preiswerte Schmuckstücke selbst herstellen lassen. Ob als kugelrunde Perle oder als flache Scheibe, die leicht zu verarbeitende Modelliermasse beflügelt mich immer wieder zu neuen Kreationen.

Passende Ringe und Armbänder vervollständigen das modische Outfit. Sogar Dosen lassen sich mit Fimo verschönern. Die nahezu unerschöpfliche Farbpalette bietet immer wieder neue Möglichkeiten. So können Sie jede Kette individuell farblich passend zu Ihren Kleidungsstücken entwerfen.

Abbildungen und Schritt-für-Schritt-Anleitungen im herausnehmbaren Vorlagenheft zeigen viele verschiedene Techniken. Legen Sie das Heft mit der jeweiligen Technik neben die Abbildung und die Beschreibung im Buch. So können Sie leicht die verschiedenen Perlen nacharbeiten.

Ich wünsche Ihnen viel Spaß und ein gutes Gelingen.

Material & Hilfsmittel

Fimo

Fimo soft ist eine leicht zu knetende Modelliermasse, die im Backofen getrocknet wird. Alle Farben und Sorten sind untereinander mischbar. Angefangene Packungen luftdicht verschlossen, zum Beispiel in Alufolie, aufbewahren. Nach dem Trocknen können die Perlen mit Glanz- oder Mattlack lackiert werden. Die Zahlen hinter den Farbangaben entsprechen den Farbnummern der Fimo-Produkte.

Schmuckzubehör

Fimo-Perlen auf Perlonfaden (0,7 mm ∅) oder Schmuckdraht (0,5 mm ∅) fädeln und nach Belieben mit Rocailles, Glas- und Silberperlen kombinieren. Mit Quetschperlen den Verschluss befestigen. Perlen, Ringschienen, Armreifen und Dosen sind im Hobbyfachhandel erhältlich.

Werkzeuge und Hilfsmittel

- Saubere *Glas- oder Kunststoffplatte* (im Fachhandel erhältlich) als Arbeitsunterlage. Da die Modelliermasse festkleben könnte, nie auf Papier, Karton oder auf dem Tisch arbeiten.
- *Küchenmesser* ohne Zacken
- *Gummiwalze, Nudelholz oder Pastamaschine* zum Herstellen von Platten. Die Pastamaschine sollte allerdings nicht mehr für Lebensmittel verwendet werden.
- *Modellierwerkzeug* oder Schraubenzieher für Muster
- *Zahnstocher oder Nadel* für Löcher
- *UHU Sekundenkleber*
- *Pinsel* zum Auftragen des Lackes
- *Schere oder Schneidezange* zum Schneiden von Perlonfaden und Schmuckdraht
- *Flachzange* zum Zusammendrücken der Quetschperlen

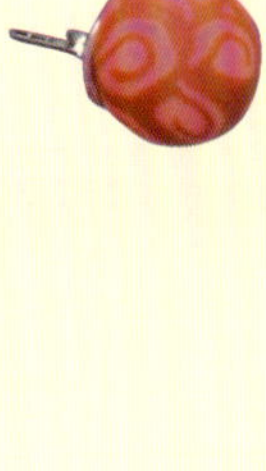

So gehts

Fimo-Perlen herstellen

1 Die Modelliermasse gut durchkneten, damit die Ränder geschmeidig werden.

2 Die Perlen nach dem jeweiligen Muster anfertigen. Die Anleitungen für die verschiedenen Techniken befinden sich im Vorlagenheft. Die Kugel so lange zwischen den Fingern rollen, bis eine glatte Oberfläche ohne sichtbare Übergänge entstanden ist.

Loch bohren

Die Perlen zwischen Daumen, Zeige- und Mittelfinger halten und mit einem Zahnstocher ein Loch hineinbohren, bis die Spitze des Zahnstochers auf der anderen Seite herausschaut. Die Kugel umdrehen und von der anderen Seite her ganz durchstechen. So wird jedes Loch ganz sauber.

Perlen aushärten

Die Fimo-Perlen im vorgeheizten Ofen (keine Mikrowelle) bei 130 °C 20 – 30 Minuten härten und trocknen lassen. Bitte die Hinweise des Herstellers beachten und die Temperatur nicht überschreiten. Um Druckstellen zu vermeiden, die Enden des Zahnstochers mit den Perlen auf Tassen oder Gläser legen. Die Perlen können aber auch vorsichtig mit einem Loch auf einem mit Backtrennfolie belegten Blech getrocknet werden.
Hinweis: Einzelne Farben werden durch das Trocknen etwas dunkler.

Polieren und lackieren

Die abgekühlten Perlen nach Wunsch mit einem weichen Stoff oder einer Jeans polieren oder mit Glanzlack überziehen.

Perlen auffädeln

1 Perlonfaden oder Schmuckdraht durch die Öse des Verschlusses ziehen, etwa 2 – 3 cm weit umknicken und auf beide Fäden/Drähte eine Quetschperle positionieren. Die Quetschperle mit einer kleinen Flachzange zusammendrücken.

2 Nun die Perlen auffädeln. Zum Schluss eine Quetschperle und den Ring des Verschlusses hinzufügen, den Faden/Draht durch die Quetschperle und einige Perlen zurückführen und die Quetschperle zusammendrücken.

Flache Perlen

Material

- Fimo in Sahara (70), Schoko (75), Caramel (97), Cognac (76), Haut hell (43), Schwarz (99), Mandarine (42)
- Perlonfaden, 0,7 mm Ø, 65 cm
- Karabiner-Verschluss
- 2 Quetschperlen
- Ringschiene mit Motivkessel „Quadrat“
- Sekundenkleber
- Glanzlack

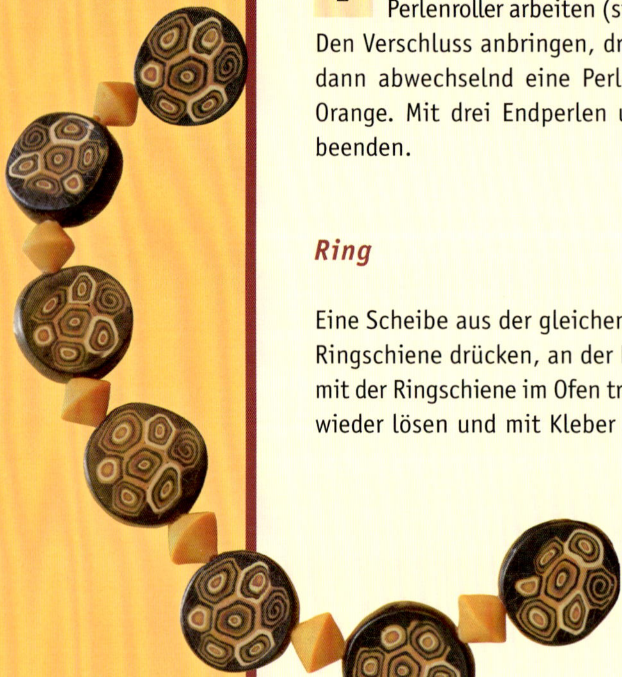

Kette

1 Aus verschiedenen Brauntönen sechs unterschiedliche Musterrollen mit Kreisen in Technik Nr. 1 sowie eine Spirale aus Schwarz und Schoko in Technik Nr. 5 herstellen. Alle Musterrollen zu einer Blüte zusammenfügen (siehe Technik Nr. 6) und mit einer schwarzen Platte in 2 mm Stärke ummanteln. Diese Rolle so lange auf der Unterlage rollen, bis keine Übergänge mehr zu sehen sind. Nun dicke Scheiben (ca. 5 mm) abschneiden. An der Schnittstelle die Kanten mit den Fingern leicht abrunden. Die Scheiben durchstechen, trocknen und evtl. lackieren.

2 Vierzehn konische und vier ovale Perlen mit dem Perlenroller arbeiten (siehe Seite 13 im Vorlagenheft). Den Verschluss anbringen, drei Perlen in Orange auffädeln, dann abwechselnd eine Perle in Braun und eine Perle in Orange. Mit drei Endperlen und dem Verschluss die Kette beenden.

Ring

Eine Scheibe aus der gleichen Rolle wie bei der Kette in die Ringschiene drücken, an der Kante schräg abschneiden und mit der Ringschiene im Ofen trocknen. Anschließend das Fimo wieder lösen und mit Kleber befestigen.

Material

Alle

- Fimo in Metallic Rot (202), Schwarz (99)

Kette

- 7 Lavakugeln, 2 cm ∅
- 4 verschiedene Silberperlen
- Rocailles in Rot, matt, 5 mm ∅
- Perlonfaden, 0,7 mm ∅, 60 cm
- Karabiner-Verschluss
- 2 Quetschperlen

Armband & Ring

- Gummiband, 1 mm ∅, 30 cm
- Sekundenkleber
- Ringschiene

Ohrringe

- 2 Ohrhaken in Silber
- 2 Nietstifte

Dose

- Fimo in Weiß (0)
- Dose, viereckig, 9 x 6 x 2 cm
- Sekundenkleber

Die Anleitung für die Dose befindet sich auf Seite 10.

Edel in Rot-Schwarz

Für die *Kette* zwei unifarbene Kugeln (2 cm ∅) in Rot herstellen. Vier Kugeln (2,5 cm ∅) im Streifenmuster (Technik Nr. 6) in Rot-Schwarz arbeiten, eine Kugel mit kreisen (Technik Nr. 1). Neun Scheibenperlen und sechs ovale Endperlen (1,5 cm lang) fertigen (siehe Seite 14/15 im Vorlagenheft). Alle Perlen mit Löchern versehen und im Ofen trocknen. Den Verschluss befestigen und drei Endperlen mit je einer Rocaille dazwischen auffädeln. In beliebiger Reihenfolge Lava- und Fimo-Perlen mit Scheiben- oder Silberperlen dazwischen hinzufügen. Die Kette gegengleich beenden.

Für das *Armband* acht ovale Perlen (2,5 cm lang) im Spiralmuster (Technik Nr. 5) formen. Bei sieben Perlen das Loch von Spitze zu Spitze bohren. Bei einer Perle auf der Seite zwei Löcher so schräg nach oben bohren, dass nur ein größeres Ausgangsloch entsteht. Für den Abschluss zwei kleine ovale Perlen mit nur einem Loch arbeiten. Sieben Perlen mit je einer Rocaille dazwischen auf das Gummiband fädeln, eine Rocaille hinzufügen, durch die achte Perle mit den zwei Löchern gehen und das Band gut verknoten. Die Enden kurz schneiden, je zwei Rocailles auffädeln und das Band in die kleinen Perlen kleben.

Für den *Ring* eine ovale Kugel arbeiten wie für das Armband, aber ohne Loch. Diese nach dem Trocknen auf die Ringschiene kleben.

Zwei rot-schwarze Kugeln (1,3 cm ∅) in Technik Nr. 5 für die *Ohrringe* herstellen. Vier kleine schwarze Kügelchen (0,7 cm ∅) formen. Alle Kugeln durchbohren, trocknen und nach Abbildung auf einen Nietstift stecken. Diesen zur Öse biegen und am Ohrhaken einhängen.

In Grün & Orange

Material

Kette in Orange-Grün

- Fimo in Schwarz (99), Mandarine (42), Tropischgrün (53), Apfelgrün (50), Smaragd (56)
- Rocailles in Grün, Orange, 2,5 mm Ø
- Rocailles in Weiß, 2 mm Ø
- Schmuckdraht, 0,5 mm Ø, 60 cm
- 12 Quetschperlen
- Karabiner-Verschluss

Kette mit Peridot-Chips

- Fimo in Schwarz (99), Tropischgrün (53), Mandarine (42), Apfelgrün (50)
- Peridot-Chips
- Rocailles in Grün, Schwarz, 2,5 mm Ø
- Schmuckdraht, 0,5 mm Ø
- Karabiner-Verschluss
- 2 Quetschperlen

Für die *Kette in Orange-Grün* fünf große Kugeln (2,5 cm Ø) im Streifenmuster (Technik Nr. 6) arbeiten und mit Löchern versehen. Den Verschluss mit einer Quetschperle sichern. Nach 8 cm eine Quetschperle positionieren, eine weiße und eine grüne Rocaille auffädeln, eine Kugel sowie zwei Rocailles hinzufügen und mit einer Quetschperle festhalten. Nach jeweils ca. 4,5 cm eine weitere Kugel positionieren, dabei wechseln die Farben der großen Rocailles. Nach 8 cm den Ring des Verschlusses mit einer Quetschperle sichern.

Drei Musterrollen mit verschiedenen Farbfolgen im Spiralmuster (Technik Nr. 5) für die *Kette mit Peridot-Chips* arbeiten, sieben schwarze Kugeln sparsam damit bekleben und so lange glätten, bis die Kugeln etwa einen Durchmesser von 1,2 cm haben. Die Kugeln durchbohren und trocknen. Den Verschluss mit einer Quetschperle sichern, Peridot-Chips und Rocailles in beliebiger Reihenfolge 6 cm weit auffädeln, dann eine Kugel hinzufügen. Zwischen den nächsten Kugeln nur 5 cm mit Peridot-Chips und Rocailles bestücken, bis alle Kugeln aufgebraucht sind. Mit 6 cm kleinen Perlen und dem Verschluss enden.

Edel in Rot-Schwarz

Abbildung & Materialangaben Seite 8/9

Für die *Dose* je eine Musterrolle mit Kreisen in Schwarz-Weiß und in Schwarz-Rot (Technik Nr. 1) herstellen und längs aufschneiden. Etwa 1 mm dicke Längsstreifen abschneiden und auf eine ca. 1,5 mm dünne schwarze Fimo-Platte (9 x 5,5 cm) legen. Alles mit der Pastamaschine oder mit der Walze 2 mm dünn walzen, auf den Dosendeckel legen und erneut darüber rollen. Die Kanten mit einem Messer säubern und die Dose samt Fimo im Ofen trocknen. Nach der Abkühlung die Fimo-Platte vorsichtig lösen und auf den Deckel der Dose kleben.

Gelb-Schwarze Streifen

Material

Alle

- Fimo in Sonnengelb (16), Limone (10), Schwarz (99)

Kette

- Strasssteinchen in Kristall, 3 mm Ø
- Rocailles, in Schwarz, matt, 5 mm Ø
- Schmuckschlauch in Gelb, 1,7 mm Ø, 20 cm
- Perlonfaden, 0,7 mm Ø, 60 cm
- Karabiner-Verschluss
- 2 Quetschperlen

Ohrstecker & Ring

- 2 Ohrstecker
- Ringschiene mit Motivkessel „Quadrat"
- Sekundenkleber

Armreif

- Armreif, 66 mm Ø

Dose

- Schmuckdose
- Strasssteinchen in Kristall, 3 mm Ø
- Sekundenkleber

Die Anleitung für die Dose befindet sich auf Seite 14.

Für die *Kette* zehn „Spiral-Hütchen" (2,5 cm hoch, 1,8 cm Ø) in Technik Nr. 7 aus einem Streifenblock herstellen. Für die Zwischenteile flachgedrückte schwarze Kugeln (1,8 cm Ø) mit Strasssteinchen verzieren: Alle Perlen mit Löchern versehen und trocknen. Vier 3 cm lange und zwei 4 cm lange Stücke vom Schmuckschlauch abschneiden. Den Verschluss mit einer Quetschperle sichern, 4 cm Schmuckschlauch auffädeln, die „Hütchen" mit je einer Strassperle in der Mitte zusammenfügen und mit je 3 cm Schmuckschlauch voneinander trennen. Mit 4 cm Schmuckschlauch und dem Verschluss enden.

Zwei „Hütchen" (1,5 cm hoch, 1,5 cm Ø) für die *Ohrstecker* genauso arbeiten wie bei der Kette, jedoch ohne Loch. Die „Hütchen" nach dem Trocknen auf die Ohrstecker kleben.

Für den *Ring* einen Streifenblock aus vier schwarzen und vier gelben Platten arbeiten. Eine 20 mm lange, 20 mm breite und 2 mm dicke Scheibe abschneiden und leicht in der Ringschiene andrücken. Die Überschüsse gerade abschneiden. Die Modelliermasse samt Ringschiene im Ofen trocknen, anschließend wieder lösen und festkleben.

Für den *Armreif* den Streifenblock vom Ring weiterverarbeiten. Dazu 2 mm dicke Scheiben abschneiden und auf einen 26 cm langen, 7 mm breiten und ca. 1,5 mm dicken schwarzen Fimo-Streifen legen. Vorsichtig mit der Walze darüber rollen, den Streifen zuschneiden, in den Armreif legen und leicht andrücken. Überschüsse abschneiden. Alles im Ofen trocknen.

Einfach & bunt

Material

Alle

- Fimo in Transparent Blau (374), Gelb (104), Rot (204), Grün (504), Lila (604), Orange (404), Transparent (014)

Kette

- Schmuckdraht, 0,5 mm Ø, 110 cm
- Rocailles in Schwarz, 2,5 mm Ø
- Schmuckschlauch in Schwarz, 1,7 mm Ø, 100 cm
- Karabiner-Verschluss
- 2 Quetschperlen

Armband

- Gummiband, 1 mm Ø, 30 cm
- 14 Rocailles in Schwarz, matt, 5 mm Ø

Mit dem Perlenroller konische und ovale Perlen für die *Kette* formen (siehe Seite 13 im Vorlagenheft), Löcher anbringen und trocknen. Den schwarzen Schmuckschlauch in verschieden lange Stücke schneiden. Den Schmuckdraht im Verhältnis 60 zu 50 cm teilen. Den Verschluss mit einer Quetschperle auf beiden Drähten sichern und abwechselnd Schmuckschlauch und Perlen auffädeln. Dabei immer vor und nach jeder Perle eine Rocaille verwenden. Den Ring des Verschlusses mit einer Quetschperle sichern.

Zwölf Perlen in unterschiedlichen Formen mit dem Perlenroller für das *Armband* fertigen (siehe Seite 13 im Vorlagenheft), Löcher bohren und alles trocknen. Abwechselnd elf Rocailles und elf Perlen auf das Gummiband fädeln, noch eine Rocaille hinzufügen und das Band gut verknoten. Je eine ovale Perle und eine Rocaille aufziehen, einen doppelten Knoten legen und das Band abschneiden.

Gelb-Schwarze Streifen

Abbildung & Materialangaben Seite 12/13

Für die *Dose* einen Streifenblock aus zwölf Platten (Technik Nr. 6) arbeiten, eine lange Scheibe abschneiden und 2 mm dünn auswalzen. Die Modelliermasse auf die Dose drücken und so lange darüber rollen, bis keine Übergänge mehr zu sehen sind. Die Kanten leicht schräg abschneiden. Die schwarzen Streifen nach Wunsch mit Strasssteinchen dekorieren. Den Plastikinnenteil der Dose herauslösen und die Dose im Ofen trocknen. Nach dem Abkühlen die Modelliermasse vorsichtig ablösen und festkleben.

In Naturfarben

Material

- Fimo in Kirschrot (26), Schwarz (99), Mandarine (42)
- 6 verschiedene Silberperlen
- Perlonfaden, 0,7 mm Ø, 60 cm
- Karabiner-Verschluss
- 2 Quetschperlen
- Gummiband, 1 mm Ø, 30 cm

Für die *Kette* je drei unifarbene Kugeln (2 bis 2,5 cm Ø) in Mandarine und Rot herstellen sowie vier ovale Endperlen (1,7 cm lang) und zehn Scheibenperlen in Schwarz (siehe Seite 14/15 im Vorlagenheft). Zwölf Kugeln mit Kreisen (Technik Nr. 1) mit zwei Musterrollen fertigen und den Hintergrund variieren. Alle Perlen mit Löchern versehen, trocknen und nach Abbildung auffädeln, dabei die Silberperlen nach Belieben integrieren.

Für das *Armband* neun 7 mm dicke Perlen mit seitlichen Kreisen (Technik Nr. 2) herstellen und an den Kanten leicht abrunden. Zehn schwarze Zwischenperlen (1 cm Ø) formen. Alle Perlen mit Löchern versehen. Die ovale Abschlussperle in Mandarine (2,5 cm lang) mit zwei Eingangslöchern und einem etwas größeren Ausgangsloch formen. Zwei ovale Endperlen in Schwarz (ca. 1,5 cm lang) mit nur einem Loch herstellen. Alle Perlen trocknen. Bunte und schwarze Perlen auf das Gummiband fädeln und durch die ovale Perle in Mandarine gehen. Das Band gut verknoten, auf ca. 1 cm zurückschneiden und in die ovalen Schlussperlen einkleben.

Ensemble in Orange

Abbildung & Materialangaben siehe Seite 18/19

Für die *Dreistrang-Kette* insgesamt 29 konische Perlen mit dem Perlenroller (siehe Seite 13 im Vorlagenheft) rollen. Schmuckschlauch in Orange und Schwarz in verschiedene Längen (2 bis 4,5 cm) zuschneiden. Den Verschluss mit einer Quetschperle auf drei Drähten (ca. 50 cm, 46 cm, 42 cm) sichern, fünf Rocailles in Orange und Schwarz auffädeln, Schmuckschlauch hinzufügen und vor und nach jeder Fimo-Perle Rocailles verwenden. Die Kette gegengleich beenden.

Vorlagenheft

Reihe Creativ Compact
„Schöner Schmuck mit FIMO®“
von Silvia Hintermann

Printed in Turkey
ISBN 3-419-56755-5

Fotos:
Christoph Schmotz, Freiburg

Satz:
Elke Fox, Freiburg

Hinweis

Dieses Vorlagenheft kann aus dem Buch herausgenommen werden.
Dazu die obere und die untere Klammer in der Mitte des Buches öffnen.
Die mittlere Klammer nicht öffnen, sie hält das Vorlagenheft zusammen.
Das Vorlagenheft herausnehmen und die Klammern wieder schließen.

Technik Nr. 1: Kreise

1 Gelbe Modelliermasse zu einer Rolle rollen und mit einem dünn (1 – 2 mm) ausgewalzten, länglichen Plättchen in Schwarz umhüllen. Mit der Pastamaschine lassen sich mühelos Platten in gleichmäßigen Stärken herstellen (Einstellung der Pastamaschine: #1 = 2 mm oder #3 = 1 mm).
Die umhüllte Rolle vorsichtig auf der Unterlage mit den Fingern rollen, um die Kanten zu verbinden.

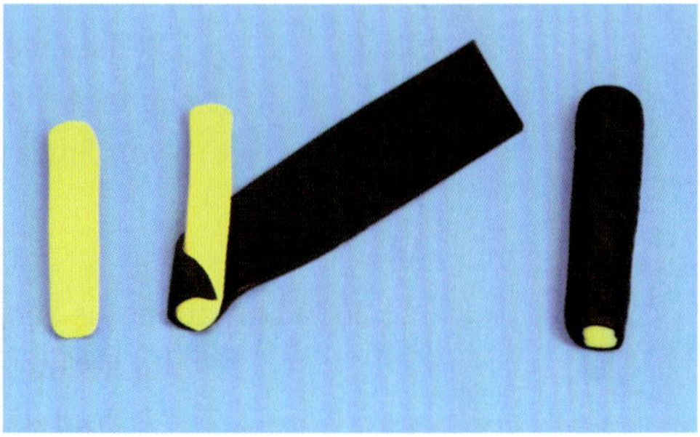

2 Erneut je ein längliches Plättchen in Grün, Schwarz und Gelb anfertigen und um die Rolle wickeln. Die entstandene Rolle nun der Länge nach so lange rollen, bis sich der Durchmesser auf die gewünschte Größe verringert hat.

3 Eine gelbe Kugel aus der Modelliermasse herstellen. Die Rolle mit einem Messer in feine Scheiben schneiden und die Kugel damit rundum belegen. Die Kugel so lange zwischen den Händen rollen, bis eine glatte Oberfläche ohne sichtbare Übergänge entstanden ist.

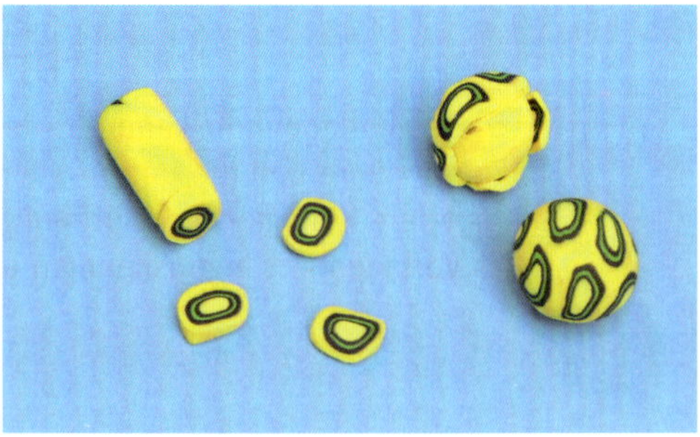

Technik Nr. 2: Seitliche Kreise

1 Eine Musterrolle mit Kreisen in den gewünschten Farben herstellen und mit einem Messer in feine Scheiben schneiden. Diese Scheiben rings um eine Fimo-Rolle legen und vorsichtig rollen, bis sich alles verbunden hat.

2 Je nach Bedarf dünne oder dicke Scheiben abschneiden und in der Hand die Kanten runden.

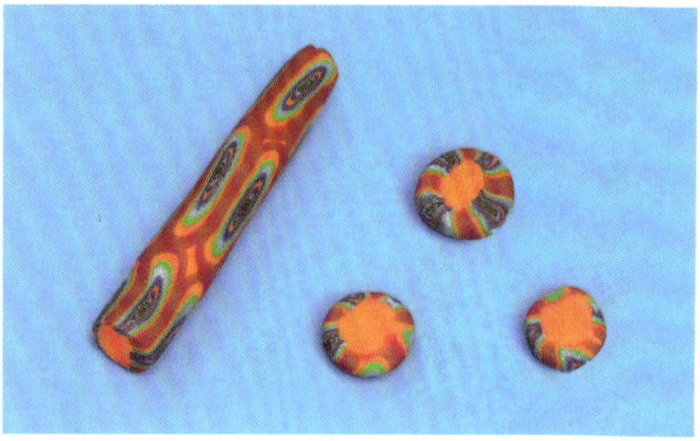

Technik Nr. 3: Marmormuster

1 Eine Musterrolle mit verschiedenen Farben mit Kreisen in der Technik Nr. 1 arbeiten. Die entstandene Rolle dünn ausrollen und der Länge nach durchschneiden.

2 Die halbierte Rolle um eine kleine Fimo-Kugel legen und in den Händen zu einer glatten Perle rollen.

Technik Nr. 4: Blütenmuster

In der Kreistechnik gearbeitete Musterrollen lassen sich auch gut zu Millefiori-Blüten verarbeiten.

1 Eine Musterrolle mit Kreisen in Technik Nr. 1 in den gewünschten Farben anfertigen und so lange der Länge nach mit den Handflächen weiter ausrollen, dass sich der Durchmesser stark verringert. Beträgt der Durchmesser 3 – 4 mm, die Rolle in fünf gleich lange Stücke teilen. In der gleichen Stärke noch fünf weitere schwarze Rollen anfertigen. Die bunten Rollen um eine sechste, etwas dickere schwarze Rolle anordnen und die Lücken mit den schwarzen Rollen füllen.

2 Eine schwarze, 2 mm starke Platte (Pastamaschine: #1) rund um das Muster legen, leicht andrücken und alles sehr sorgfältig rollen. Nun feine Scheiben abschneiden und um eine schwarze Fimo-Kugel legen, die anschließend gleichmäßig in den Händen gerollt wird.

Technik Nr. 5: Spiralmuster

Zwei Platten in verschiedenen Farben, zum Beispiel Schwarz und Mandarine, in 1 mm Stärke (Pastamaschine: #3) herstellen, aufeinander legen und von einer Seite her nur kurz zur Spirale einrollen. Die entstandene Rolle gleichmäßig rollen. Mit einem Messer feine Scheiben schneiden und eine schwarze Kugel damit belegen. Die Kugel zu einer glatten Perle rollen.

Variante

Eine größere Spirale entsteht ebenfalls aus zwei verschiedenfarbigen Platten in 1 mm Stärke (Pastamaschine: #3). Diese werden häufiger eingerollt. Dadurch wird die Spirale feiner. Anschließend die Rolle so lange rollen, bis sie gleichmäßig ist, Scheiben abschneiden und wie oben beschrieben eine Kugel damit belegen.

Technik Nr. 6: Streifenmuster

1 Für schwarz-weiße Streifen drei schwarze und drei weiße 2 mm dicke, ca. 2 cm breite und ca. 8 cm lange Platten (Pastamaschine: #1) herstellen. Die Platten abwechselnd so übereinander legen, dass ein schwarz-weiß gestreifter Block entsteht. An der Seite des Blocks mit einem Messer schmale Streifen abschneiden. Diese um eine vorbereitete schwarze Kugel legen und leicht andrücken.

2 Die freien Flächen werden mit Spiralen gefüllt. Dazu eine weiße und eine schwarze Platte (je 2 mm dick) zu einer Spirale rollen (siehe auch Technik Nr. 5), den Durchmesser verjüngen und ca. 2 mm dicke Scheiben mit einem Messer abschneiden.

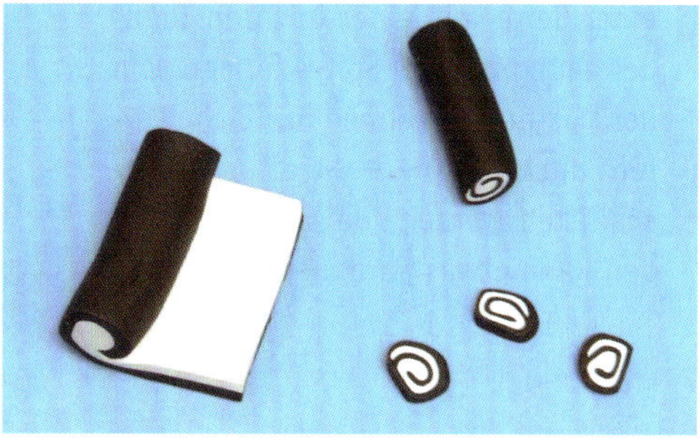

3 Je eine Scheibe oben und unten auf die freie Fläche der Kugel legen und die Kugel in den Händen zu einer gleichmäßigen Perle rollen.

Technik Nr. 7: Spiralperlen

1 Drei gelbe und drei schwarze 2 mm dicke, ca. 2 cm breite und ca. 8 cm lange Platten (Pastamaschine: #1) herstellen und abwechselnd aufeinander legen. Feine Streifen davon abschneiden. Diese um eine schwarze Rolle legen, leicht andrücken und vorsichtig rollen.

2 Etwa 12 mm breite Scheiben mit dem Messer abschneiden und auf einer Seite mit einer leichten Drehbewegung zu einer Spitze formen. Von der Musterrolle können für flache Perlen auch dünnere Streifen abgeschnitten werden. Bei diesen Perlen den Rand etwas abrunden.

Technik Nr. 8: Schach-Optik

Für dieses Muster einen Streifenblock in Schwarz-Orange aus vier schwarzen und drei orangefarbenen 2 mm starken Platten (Pastamaschine: #1) herstellen und eine feine Scheibe abschneiden. Diese Scheibe in schmale Streifen teilen und diese dicht nebeneinander um eine schwarze Kugel legen. Dabei die Farben im Schachbrettmuster versetzen. Die Kugel in den Händen zu einer glatten Perle rollen.

Technik Nr. 9: Wickelmuster

Je eine dünne Rolle in Schwarz und Weiß umeinander wickeln und ausrollen, bis sich eine ca. 10 cm lange marmorierte Rolle mit 5 mm Durchmesser ergibt. Diese Rolle um einen Zahnstocher schlängeln und zusammen mit dem Zahnstocher im Ofen trocknen.

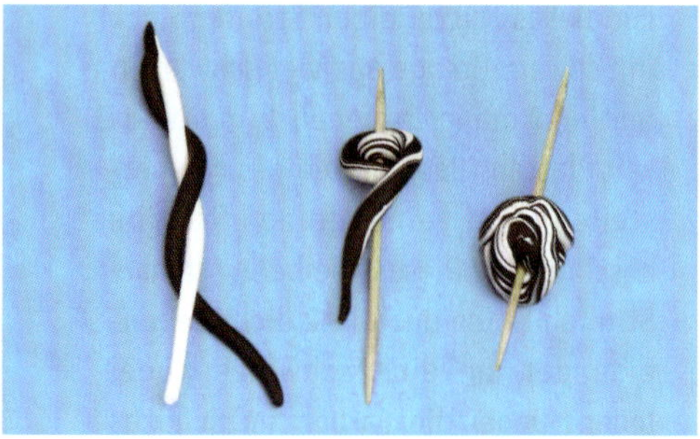

Technik Nr. 10: Feine Fäden

Auf der Unterlage etwas Modelliermasse in Schwarz zu sehr feinen Fäden rollen. Diese auf eine weiße Kugel auflegen und die Kugel zu einer gleichmäßigen Perle rollen.

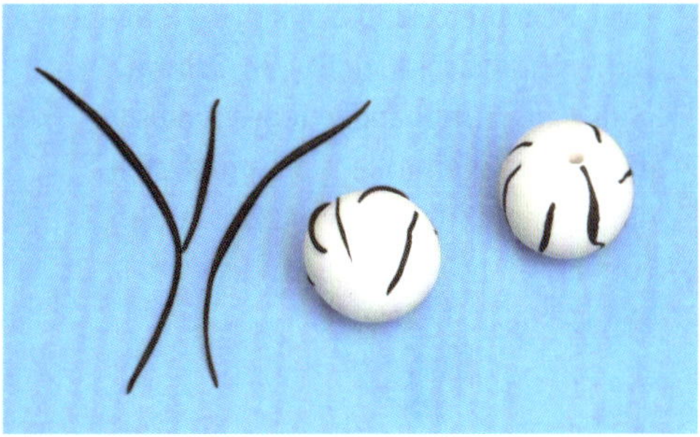

Technik Nr. 11: Flache Spirale

Zwei 1 cm breite und 2 mm dicke Platten (Pastamaschine: #1) in Schwarz und Weiß aufeinander legen und zu einer Spirale einrollen. So ergibt sich eine Perle mit einem interessanten Format.

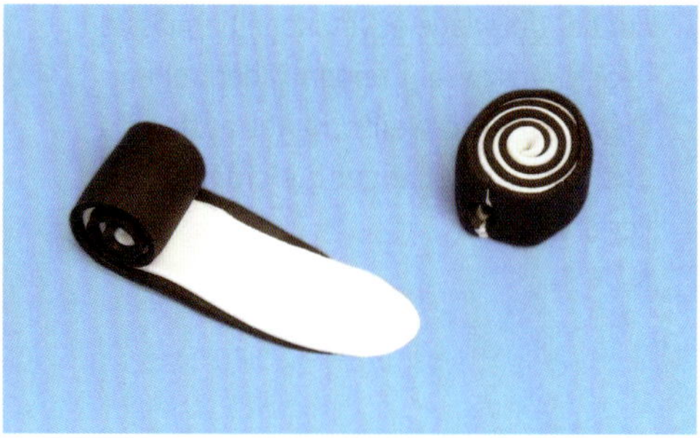

Perlenroller-Perlen

Mit einem Perlenroller (z. B. von Amaco) können leicht runde, ovale sowie konische Perlen hergestellt werden, da der Roller über drei unterschiedlich geformte Rillen verfügt.

Etwas Modelliermasse mit dem Messer abschneiden und in den Portionierer geben. So ist gewährleistet, dass alle Perlen gleich groß werden. Diese Masse dann auf die entsprechende Schiene legen und das Oberteil hin- und herbewegen.

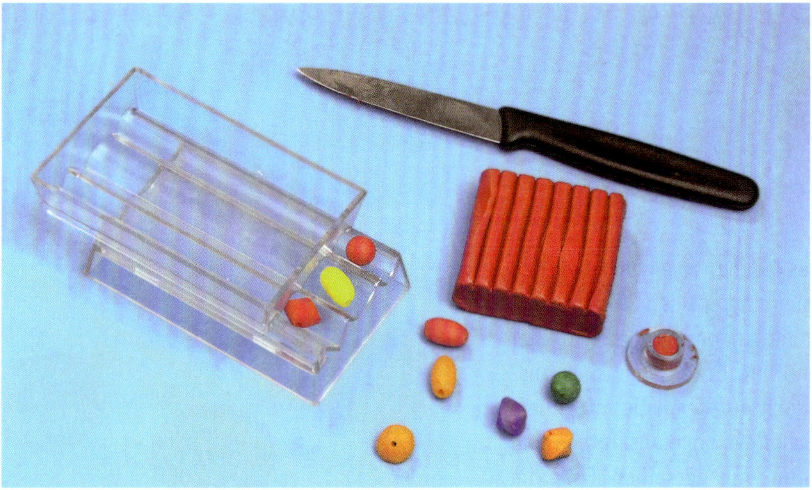

Scheibenperlen

Diese Scheibenperlen sehen sehr schön als Zwischenperlen zwischen den Kugeln aus. Sie lockern die Ketten dadurch auf.

1 Für die Scheibenperlen eine schwarze Fimo-Rolle in gleich große Stücke schneiden.

2 Jedes Teilchen zu einem Kügelchen formen und mit den Fingern platt drücken und am besten gleich auf der Backtrennfolie etwa 2 mm dick ausrollen. Noch auf der Folie mit einem Zahnstocher ein Loch auskratzen und alle Perlen mit derselben Folie im Ofen trocknen.

Endperlen

Die ovale Form der Endperlen bewirkt, dass die Kette besser am Hals anliegt.

1 Für die Endperlen ebenfalls eine schwarze Rolle in gleich große Stücke schneiden.

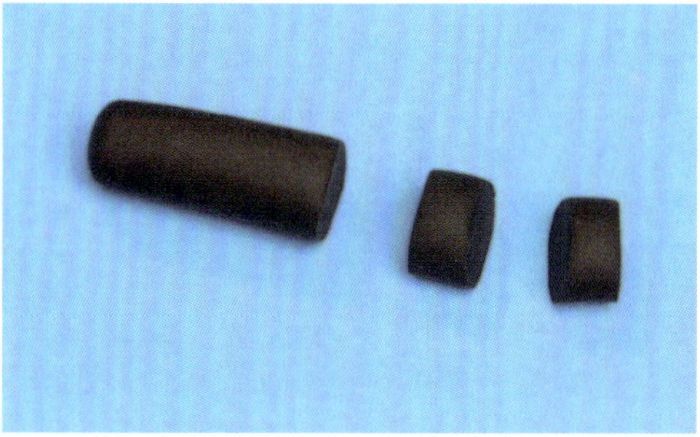

2 Jedes Teilchen zuerst zu einer Kugel formen, dann diese Kugel in den Handflächen etwas stärker rollen, damit ovale Perlen entstehen. In der Längsrichtung mit einem Zahnstocher ein Loch bohren (siehe Seite 5 im Buch).

Für Notizen

Ensemble in Orange

Material

Alle
- Fimo in Mandarine (42), Schwarz (99)

Kugel-Kette
- Rocailles in Orange mit Silbereinzug, 2,6 mm Ø
- 12 Metallstifte mit Loch, 3 cm lang
- Perlonfaden, 0,7 mm Ø, ca. 60 cm
- Karabiner-Verschluss
- 2 Quetschperlen

Schlüsselanhänger
- Rocailles in Orange mit Silbereinzug, 2,6 mm Ø
- Strasssteinchen in Kristall, 3 mm Ø
- Zwischenring
- Schlüsselring
- Quetschperle
- Schmuckdraht, 0,5 mm Ø, 20 cm

Dose
- Schmuckdose, oval
- Strasssteinchen in Kristall, 3 mm Ø
- Sekundenkleber

Dreistrang-Kette
- Schmuckschlauch in Schwarz, Orange, 1,7 mm Ø, je 100 cm
- Rocailles in Schwarz, Orange, mit Silbereinzug, 2,5 mm Ø
- Schmuckdraht, 0,5 mm Ø, ca. 150 cm
- Karabiner-Verschluss
- 2 Quetschperlen

Für die *Kugel-Kette* sieben Kugeln (ca. 1,7 cm Ø) mit Spiralmuster (Technik Nr. 5) mit unterschiedlichen Spiralen in Orange und Schwarz herstellen. Eine Kugel vollständig im Schachbrettmuster (Technik Nr. 8) arbeiten, die neunte Kugel zu dem Schachbrettmuster mit zwei Spiralen versehen. Alle Perlen mit Löchern versehen und trocknen. Den Verschluss mit einer Quetschperle anbringen, einen Metallstift und eine Rocaille auffädeln, dann immer wieder einen Metallstift und eine in Rocailles eingebettete Kugel. Mit zwei Metallstiften und dem Verschluss enden.

Für den *Schlüsselanhänger* ein Herz aus zwei Kugeln in Orange formen und Strasssteinchen hineindrücken. Mit einem Zahnstocher ein Loch bohren. Zwei kleinere Kugeln (1,3 cm Ø) mit Spiralen (Technik Nr. 5) versehen und einen kleinen Streifenblock (ca. 1,3 x 0,7 cm) in Technik Nr. 6 arbeiten. Alles zusammen mit Rocailles auf Draht aufziehen, dabei mit einer Rocaille beginnen. Den Zwischen- und Schlüsselring mit einer Quetschperle sichern.

Für die *Dose* eine Musterrolle mit Spiralen (Technik Nr. 5) arbeiten, feine Scheiben auf eine schwarze Fimo-Platte (5 cm x 3,5 cm und ca. 1,5 mm dünn) auflegen und so lange darüber rollen, bis keine Übergänge mehr zu sehen sind. Die Platte auf die Dose legen und nochmals sanft darüber rollen. Die Kanten abschneiden und die Platte mit Strasssteinchen verzieren. Den Plastikinnenteil der Dose herauslösen und die Dose im Ofen trocknen. Die Modelliermasse nach dem Abkühlen wieder ablösen und mit Kleber befestigen.

Die Anleitung für die *Dreistrang-Kette* befindet sich auf Seite 16.

In Schwarz-Weiß-Rot

Material

- Fimo in Schwarz (99), Weiß (0), Kirschrot (26)
- 2 verschiedene Silberperlen
- Rocailles in Schwarz, matt, 5 mm Ø
- 3 Glasperlen
- 6 Scheiben-Perlen in Schwarz, 2 cm Ø
- Perlonfaden, 0,7 mm Ø, 50 cm
- Glanzlack nach Wunsch
- Karabiner-Verschluss
- 2 Quetschperlen
- Gummiband, 1 mm Ø, 30 cm
- 2 Strasssteinchen
- 2 Ohrstecker
- Sekundenkleber

Hinweis:
Die Scheibenperlen können auch aus Fimo hergestellt werden.

Bei dieser *Kette* werden die Perlen zur Mitte hin etwas größer (von 1,5 cm bis 2 cm Ø). Drei rote und vier schwarze Kugeln herstellen. Verschiedene Musterrollen mit Kreisen (Technik Nr. 1) anfertigen und bei zehn Perlen auf verschiedenfarbigen Untergründen platzieren. Drei Kugeln mit dem Blütenmuster (Technik Nr. 4) belegen. Alle Perlen mit Löchern versehen und trocknen. Den Verschluss anbringen, fünf Rocailles und immer größer werdende Fimo-Perlen auffädeln. Scheiben, Silberperlen und Glaskugeln nach Wunsch hinzufügen. Mit fünf Rocailles und dem Ring des Verschlusses enden.

Für das *Armband* drei Kugeln in Rot und ca. zehn Kugeln in Schwarz-Weiß im Spiralmuster (Technik Nr. 5) arbeiten und mit Löchern versehen. Als Abschluss eine rote Kugel mit zwei nicht durchgehenden Löchern herstellen. Nach dem Trocknen alle Perlen auf das Gummiband aufziehen. Das Band gut verknüpfen und auf ca. 1 cm zurückschneiden. Diese Enden in die Abschlusskugel kleben.

Für die *Ohrstecker* zwei kleine schwarze Kugeln mit einer Spirale vom Armband versehen und mit einem Strasssteinchen verzieren. Die Kugel unten auf der Arbeitsfläche etwas flach drücken und trocknen. Nach dem Abkühlen die Kugeln auf die Ohrstecker kleben.

Perlen-Vielfalt

Material

Ensemble in Schwarz-Weiß

- Fimo in Schwarz (99), Weiß (0), Metallic Silber (812)
- 4 verschiedene Silberperlen
- Karabiner-Verschluss
- 2 Quetschperlen
- Perlonfaden, 0,7 mm ∅, 60 cm
- Ringschiene
- 2 Ohrstecker
- Sekundenkleber

Kette in Silber-Grau-Schwarz

- Fimo in Schwarz (99), Marmor (003), Granit (803), Metallic Silber (812)
- Rocailles in Rot mit Silbereinzug, 2,6 mm ∅
- 10 Metallblüten
- Strasssteinchen in Kristall, 3 mm ∅
- Karabiner-Verschluss
- 2 Quetschperlen
- Perlonfaden, 0,7 mm ∅, 60 cm
- Modellierstab

Trox-Schraubenzieher

Ensemble in Schwarz-Weiß

13 Perlen dieser *Kette* (ca. 2 cm ∅) in Technik 1, 5, 6, 8, 9 und 10 sowie zwei Perlen in Schwarz arbeiten. Neun Endperlen (0,7 cm ∅) fertigen sowie elf Scheibenperlen (siehe Vorlagenheft Seite 14/15). Alle Perlen mit Löchern versehen und trocknen. Den Verschluss befestigen und fünf Endperlen aufziehen, dann nach Belieben die Perlen arrangieren. Mit Endperlen und dem Verschluss enden.

Dünne Scheiben einer Musterrolle mit Kreisen (Technik Nr. 1) für den *Ring* auf eine Kugel (2 cm ∅) drücken. Diese Kugel unten um 0,5 cm kürzen, leicht flach drücken und nach dem Trocknen auf die Ringschiene kleben.

Je eine dünne Scheibe mit Kreisen (Technik Nr. 1) auf eine kleine Kugel (0,8 cm ∅) drücken. Die Kugel flach drücken, trocknen und auf die *Ohrstecker* kleben.

Kette in Silber-Grau-Schwarz

Vierzehn unifarbene Kugeln herstellen (3x Granit, 2x Marmor, 6x Schwarz, 3x Silber) und mit einem Modellierstäbchen verzieren. Beim Eindrücken mit einem feinen Schraubenzieher entstehen kleine Sternchen. Nach Wunsch Strasssteinchen hinzufügen. Zwei Kugeln mit feinen Fäden verzieren (Technik Nr. 10). Für die zweifarbigen Kugeln pro Farbe je eine Kugel herstellen und halbieren. Je eine Halbkugel zusammenfügen und in der Hand glätten. Sechs längliche Endperlen (1,5 bis 1,7 cm lang) formen. Alle Kugeln mit einem Loch versehen und trocknen. Den Verschluss befestigen, drei Endteile mit je einer Rocaille dazwischen auffädeln und in der Kette zehn Metallblumen mit einer Rocaille als Mitte verteilen. Die Kette gegengleich beenden.

Buntes Set

Material

- Fimo in Schwarz (99), Mandarine (42), Cognac (76), Brillantblau (33), Tropischgrün (53), Himbeere (22), Limone (10), Purpurviolett (61)
- 13 Stiftperlen aus Metall, 1,4 cm lang
- Schmuckdraht, 0,5 mm ∅, 60 cm
- Schmuckschlauch in Orange, ca. 1,7 mm ∅, 7 cm
- Karabiner-Verschluss
- 2 Quetschperlen
- 2 Ohrclips
- Sekundenkleber

Kette

Für diese bunte Kette zwei Kugeln (1,5 cm ∅) in jeder Farbe herstellen. Dazu immer die jeweilige Farbe mit Schwarz zu einer Spiral-Musterrolle formen (Technik Nr. 5), je zwei Perlen herstellen, mit Löchern versehen und trocknen. Den Verschluss mit einer Quetschperle sichern, ca. 3,5 cm Schmuckschlauch aufziehen und abwechselnd Kugeln mit Stiftperlen auffädeln. Mit 3,5 cm Schmuckschlauch und dem Ring des Verschlusses enden.

Ohrclips

Reste von sechs Spiral-Musterrollen der Kette zu einer Blüte formen und leicht rollen. Zwei feine Scheiben (2 mm stark) abschneiden, trocknen und auf zwei Ohrclips kleben.

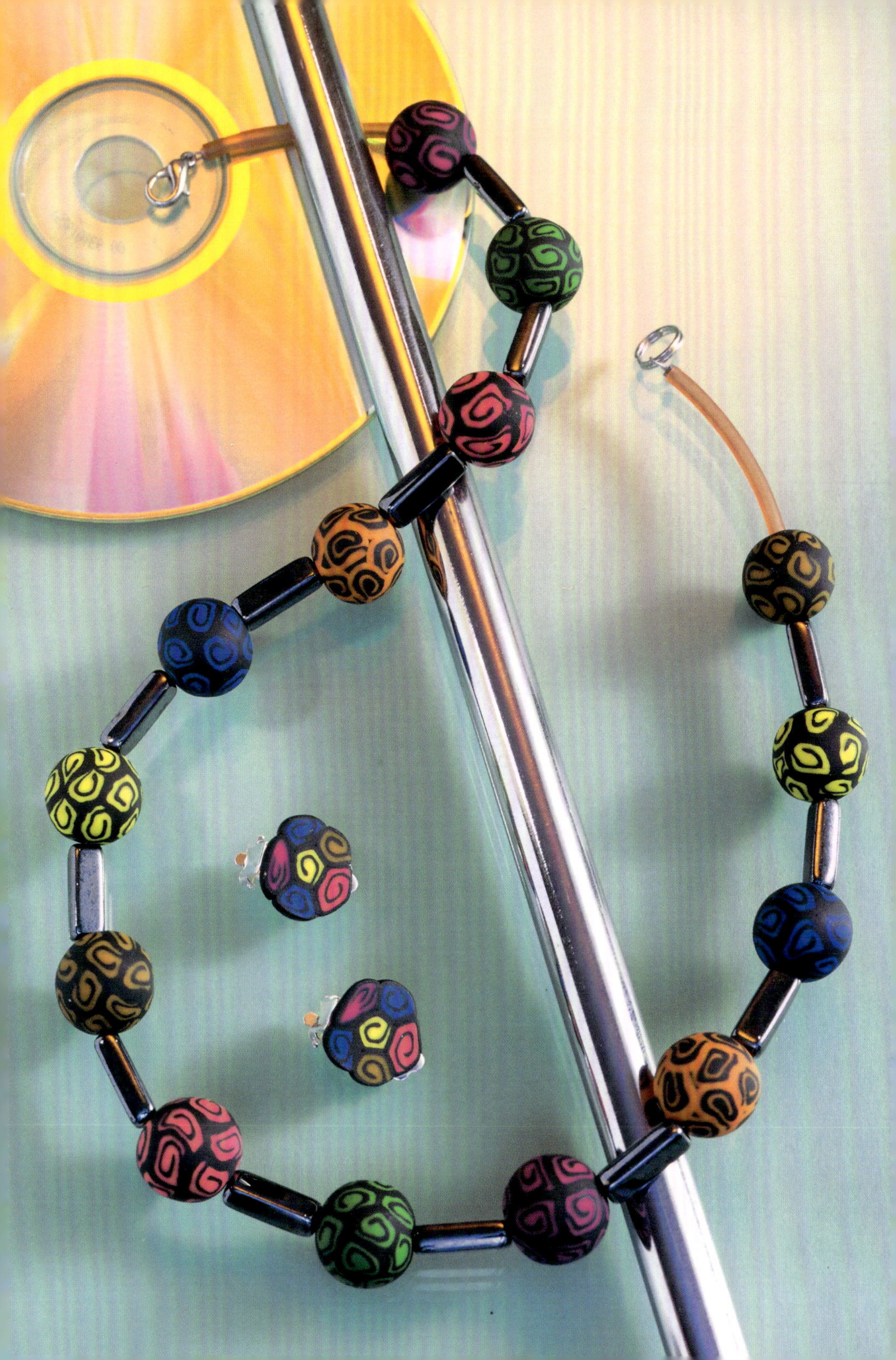

Traum in Blau

Material

- Fimo in Schwarz (99), Pazifikblau (37), Mandarine (42), Tropischgrün (53), Smaragd (56), Metallic Weiß (52)
- 5 Glasperlen in Türkis
- 6 Silberperlen
- Perlonfaden, 0,7 mm ∅, 60 cm
- Karabiner-Verschluss
- 2 Quetschperlen
- 2 Ohrstecker
- Ringschiene mit Motivkessel
- Motivlocher „Blume“, 1,2 cm ∅
- Armreif, 66 mm ∅

Hinweis
Für das leicht glitzernde Hellblau Metallic Weiß und Blau zu gleichen Teilen mischen.

Die *Kette* besteht aus 19 Perlen (1,5 bis 1,8 cm ∅). Fünf Kugeln in Blau und zwei in Hellblau arbeiten. Zwölf Perlen mit Kreisen (Technik Nr. 1) herstellen, dazu eventuell drei verschiedene Musterrollen anfertigen. Neun Scheibenperlen (siehe Vorlagenheft Seite 14/15) in Schwarz arbeiten. Die Zwischenperlen können auch abwechselnd in Hellblau gefertigt werden. Alle Perlen durchlöchern und trocknen. Den Verschluss mit einer Quetschperle auf dem Perlonfaden sichern, alle Perlen auffädeln und den Ring des Verschlusses anbringen.

Für die *Ohrringe* kleine Blümchen ausstechen oder selbst formen. Eine Musterrolle mit Kreisen (Technik Nr. 1) herstellen: Schwarz, Hellblau, Tropischgrün und Schwarz um eine Mitte in Orange wickeln. Pro Ohrring ein Scheibchen leicht andrücken und aushärten. Die Blume auf die Ohrstecker kleben.

Für den *Ring* die Musterrolle vom Ohrring um eine Schicht in Hellblau erweitern und sieben Scheiben auf ein hellblaues Fimo-Plättchen drücken und in die Ringschiene geben. Kanten sauber abschneiden und mit der Ringschiene im Ofen härten. Wenn der Ring ausgekühlt ist, die Modelliermasse lösen und festkleben.

Einen 2 mm dicken Streifen in Pazifikblau mit ca. 26 cm Länge und 7 mm Breite für den *Armreif* vorbereiten. Feine Scheiben von der Musterrolle des Rings leicht auf dem blauen Streifen andrücken und in den Reif legen. Mit der Walze so darüber rollen, dass keine Übergänge mehr zu sehen sind. Mit dem Messer über die Kanten fahren und so Überschüsse wegschneiden. Den Reif 30 Minuten im Ofen härten.

Modern & frisch

Material

Kette in Violett

- Fimo in Schwarz (99), Weiß (0), Purpurviolett (61), Lavendel (62), Pflaume (63), Himbeere (22)
- Perlonfaden, 0,7 mm ∅, 60 cm
- Schraub-Verschluss
- 2 Quetschperlen

Ohrstecker

- Fimo in Schwarz (99), Purpurviolett (61)
- 2 Ohrstecker
- Sekundenkleber

Kette in Rosa-Pink

- Fimo in Lavendel (62), Himbeere (22), Purpurviolett (61), Pflaume (63), Schwarz (99), Metallic Weiß (52)
- Perlonfaden, 0,7 mm ∅, 60 cm
- Karabiner-Verschluss
- 2 Quetschperlen

Set in Violett

In dieser *Kette* sind ovale, runde und eckige Perlen nach der eigenen Fantasie kombiniert. Sie eignet sich gut zum Ausprobieren aller Techniken. Der Durchmesser der Perlen variiert dabei von 1,3 bis 2 cm. Zusätzlich sechs Endperlen (1,5 cm lang) sowie sechs Scheibenperlen und eine kleine ovale Perle in Schwarz anfertigen. Den Verschluss befestigen, drei Endperlen auffädeln und die Fimo-Perlen nach Belieben arrangieren, dabei hin und wieder Scheibenperlen integrieren. Die Kette mit drei Endperlen und dem Ring des Verschlusses fertig stellen.

Diese *Ohrstecker* sind aus Fimo-Resten in Schwarz und Purpurviolett hergestellt, die zu einer Scheibe (15 mm lang, 15 mm breit) gewalzt werden. Die Scheiben trocknen und nach dem Abkühlen auf Ohrstecker kleben.

Kette in Rosa-Pink

Für diese Kette insgesamt siebzehn Kugeln (ca. 2 cm ∅) herstellen, davon zwei in Lavendel und zwei aus einem Gemisch aus Metallic Weiß und Lavendel. Aus diesem Gemisch auch fünf Zwischenperlen fertigen, die aber nur mit den Fingern flach gedrückt werden. Sechs Perlen mit Kreisen (Technik Nr. 1) sowie drei Perlen mit Marmormuster (Technik Nr. 3), drei im Schachbrettmuster (Technik Nr. 8) sowie eine Kugel mit Streifen (Technik Nr. 6) arbeiten. Elf Scheibenperlen in Schwarz und sechs Endperlen (2x Schwarz, 4x Lavendel) herstellen. Den Verschluss anbringen und die Perlen auffädeln, dabei mit drei Endperlen beginnen und enden.

In Rot-Tönen

Material

Kette

- Fimo in Schwarz (99), Himbeere (22), Kirschrot (26), Mandarine (42)
- 4 Silberperlen
- Perlonfaden, 0,7 mm Ø, 60 cm
- Karabiner-Verschluss
- 2 Quetschperlen

Armband & Ohrstecker

- Fimo in Schwarz (99), Himbeere (22), Kirschrot (26)
- Rocailles in Schwarz, matt, 5 mm Ø
- Gummifaden, 1 mm Ø, ca. 30 cm
- Sekundenkleber
- 2 Ohrstecker

Hinweis

Für das dunkle Rot zu gleichen Teilen Kirschrot mit Schwarz mischen.

Für die *Kette* zwei Kugeln (2 cm Ø) in Himbeere, eine in Dunkelrot, eine in Schwarz herstellen. Acht Endperlen in Dunkelrot und zehn Scheibenperlen in Schwarz arbeiten (siehe Vorlagenheft Seite 14/15). Sieben Kugeln (2 cm Ø) mit Spiralmuster (Technik Nr. 5) und vier Kugeln (2 cm Ø) mit Kreisen (Technik Nr. 1) in unterschiedlichen Farben fertigen. Löcher bohren und alle Perlen trocknen. Den Verschluss befestigen, vier Endperlen auffädeln und dann nach Belieben die Fimo-Perlen aneinander reihen, dabei immer eine Scheibenperle oder eine Silberperle hinzufügen. Mit vier Endperlen und dem Ring des Verschlusses die Kette fertig stellen.

Für das *Armband* zehn Kugeln (1,2 cm Ø), eine ovale Perle (2,5 cm lang) und zwei kleine Kugeln (1 cm Ø) mit Spiralmuster (Technik Nr. 5) in Himbeere und Dunkelrot herstellen, dabei variiert der Hintergrund. Die großen Kugeln durchbohren. In die ovale Perle schräg von unten zwei Löcher bohren, die sich oben in der Mitte in einem größeren Loch treffen. Die kleinen Kugeln ohne durchgehendes Loch fertigen. Alle Kugeln trocknen. Nach dem Abkühlen die großen Kugeln abwechselnd mit Rocailles auffädeln, beide Fäden durch die ovale Perle führen und einen Knoten legen. Den Faden kürzen, Rocailles auffädeln und den Faden in die Kügelchen kleben.

Für die *Ohrstecker* wie beim Armband zwei Kugeln arbeiten, ohne Loch im Ofen trocknen und nach dem Auskühlen auf die Ohrstecker kleben.

Impressum

Printed in Turkey
ISBN 3-419-56755-3

Lektorat:
Irmgard Böhler, Wiesbaden

Styling und Fotos:
Roland Krieg, Waldkirch

Covergestaltung und Layoutentwurf:
Network!, München

Gesamtproduktion:
smp, Freiburg

Satz:
Gisa Bonfig, Freiburg

Druck:
Ömür printing comp., Istanbul

Tipps & Tricks

- Achten Sie beim Kauf auf einwandfreie, abgepackte Materialien, denn altes Fimo wird hart und bröselig.

- Wenn Sie weitere Farben mischen möchten, hilft eine Mischtabelle in dem Prospekt von Eberhard Faber weiter.

- Beim Härten der Modelliermasse am besten ein Ofenthermometer verwenden, um die Temperatur kontrollieren zu können. Die Trocknungszeit von 30 Minuten nicht überschreiten.

- Die optimale Länge der Kette vor dem Anbringen des Verschlusses am eigenen Hals ausprobieren.

- Bei den kleinen Rocailles variieren die Angaben der Durchmesser je nach Firma zwischen 2,5 und 2,6 mm, bei den großen Rocailles, auch Indianerperlen genannt, zwischen 4,5 und 5 mm.